El Espíritu Santo

José Young

Ediciones Crecimiento Cristiano

© **Ediciones Crecimiento Cristiano**
Oficina: Córdoba 419, tel: 0353-4912450
5903 Villa Nueva, Cba.
Argentina

oficina@edicionescc.com
www.edicionescc.com

Ediciones Crecimiento Cristiano es una Asociación Civil
sin fines de lucro que sE dedica a la enseñanza
del mensaje evangélico por medio de la literatura..

Primera edición: 11/88
Reimpresion: 04 - 2008

I.S.B.N. 950-9596-93-0

Diseño de tapa: Ana Ruth Santacruz

IMPRESO EN ARGENTINA
VD 1

Introducción

Sobre ciertos temas, el Nuevo Testamento es categóricamente firme. Por ejemplo, insiste en que la *única* manera de llegar a Dios es por medio de Jesucristo. Él es la puerta; es imposible entrar por otro lugar. Y justamente por esta razón todo creyente debe empaparse del conocimiento de su SalvadOr y Señor.

Pero otra afirmación igualmente decisiva es la siguiente: *El que no tiene el Espíritu de Cristo, no es de Cristo* (Romanos 8:9). La característica fundamental que nos distingue de la gente del mundo es la presencia del Espíritu de Dios en nuestra vida. Sin el Espíritu, no tenemos vida. Esto implica que necesitamos también conocer bien al Espíritu de Dios, y su obra en nosotros.

Pero reconocemos, lamentablemente, que éste es un tema que ha dividido a los seguidores de Jesucristo. En la práctica ha resultado ser un tema polémico en vez de una fuerza que nos une.

El tema del Espíritu es parecido al tema de Dios: es demasiado extenso como para reducirlo a algunas pocas lecciones. Pero nuestro propósito es práctico. Queremos ayudarle a:

- *Pensar* sobre el tema.
- *Reconocer* que el Espíritu es una persona y no una "influencia".
- *Sentir* algunos resultados de esta verdad.
- *Conocer* la posición bíblica en cuanto a los temas más polémicos.

Hemos dejado para otro cuaderno uno de los aspectos más importantes... pero también más discutidos: los dones del Espíritu.

Deseamos que el Espíritu de Verdad nos guíe a *su* verdad.

Índice de estudios

1

¿Quién es?

Desde el primer capítulo de la Biblia (Génesis 1:2) hasta el último (Apocalipsis 22:17), encontramos la presencia del Espíritu de Dios. Su presencia llena todo el relato bíblico, aunque muy pocas veces llama la atención sobre sí mismo.

1 Antes de proceder con el estudio, ¿quién es para usted el Espíritu Santo?

La palabra traducida "Espíritu" en la Biblia, también se puede traducir "viento". Así es que muchas veces en el Antiguo Testamento vemos al Espíritu como el soplo de Dios que abre surcos en el mar (Éxodo 14:21), o da poder al guerrero (Jueces 3:9,10 y 14:6). Normalmente en el Antiguo Testamento vemos al Espíritu como la acción impetuosa, soberana de Dios.

El Señor Jesucristo también dijo que el Espíritu es como el viento (Juan 3:8, donde "Espíritu" y "viento" son traducidos de una sola palabra griega). No lo podemos ver ni controlar. Lo que vemos son los resultados de su obra. Así es que cuando leemos el libro de Los Hechos, y también la historia de la Iglesia en los siglos posteriores, vemos que el Espíritu soberano no siempre actúa según nuestros preconceptos.

Para comprender su obra en el creyente y la iglesia, necesitamos reconocer que el Espíritu es una *persona*, y es *Dios*. No es un poder, una fuerza, una "influencia". No es una sustancia que podemos "dividir" o "medir", y aún menos "manejar". Es parte de la persona de Dios, tal como lo es nuestro Señor Jesucristo.

Es una persona

2 A continuación damos una lista de versículos. Explique, en cada caso, cómo estos versículos nos muestran que el Espíritu es una persona.

a) Juan 14:26 y 16:13

b) Juan 16:8

c) Hechos 13:2

d) Romanos 8:14

e) Romanos 8:27

f) Efesios 4:30

Muchas veces las Escrituras utilizan figuras para describir a Dios. Por ejemplo, cuando decimos que Jesucristo es la luz, o la puerta, estamos utilizando una figura que describe algún aspecto de su persona. De la misma manera, encontramos en la Biblia varias figuras aplicadas al Espíritu.

3 ¿Qué nos enseñan las siguientes figuras acerca del Espíritu Santo?

a) Juan 3:8

b) Hechos 2:3,4

c) Juan 7:37-39

d) Lucas 3:22

Es Dios

Es cuando vemos los títulos que las Escrituras aplican al Espíritu que nos damos cuenta realmente quién es. Por ejemplo, la Biblia usa títulos para Jesucristo que son los mismos otorgados a Jehová en el Antiguo Testamento, dándonos a entender que es igual a Dios. De la misma manera los títulos otorgados al Espíritu revelan quién es.

4 Busque los siguientes versículos y en base a ellos, explique quién es el Espíritu: Mateo 10:20; Lucas 4:18 y 19; Romanos 8:9; Gálatas 4:6.

Siempre ha sido difícil comprender la relación entre el Padre, el Hijo y el Espíritu. La razón es sencilla: somos seres humanos limitados, mientras él es el Creador, un ser más superior a nosotros que nosotros a las hormigas. Como seres humanos, nunca vamos a comprender completamente a Dios. Pablo dijo:

...él es el único y bendito Soberano, Rey de reyes y Señor de señores. Es el único inmortal, que vive en una luz a la que nadie puede acercarse. Ningún hombre lo ha visto ni lo puede ver.
(1 Timoteo 6:15b,16)

Aquí tenemos un Ser que es único, sin embargo, se manifiesta de tres maneras, en tres personas. Tratamos de explicarlo con la doctrina de la "trinidad" (palabra que no aparece en la Biblia), pero aunque intentamos hacerlo por triángulos y otras ilustraciones, éstas no son adecuadas para explicar este misterio. Tal vez cuando tengamos ojos espirituales, parte de esE "cuerpo celestial" que será nuestro en el cielo (1 Corintios 15:44), será posible comprender realmente cómo es nuestro Dios.

En su libro "Creo en el Espíritu Santo" (Editorial Caribe), Michael Green sugiere que Dios se revela en un "drama de tres escenas": Primero, en el Antiguo Testamento, se reveló como Jehová, el Dios único y poderoso, el Creador de todo; desde Belén hasta Pentecostés, se reveló en Jesucristo, el Siervo, quien vivía entre nosotros; y actualmente, como el Espíritu Dios que vive en el hombre.

Los tres, Padre, Hijo y Espíritu, son iguales, indivisibles, completamente unidos entre sí, y en su totalidad forman ese misterioso ser que llamamos Dios.

5 Por ejemplo, según lo dicho por el Señor Jesús, ¿quién vive en el creyente? Ver Juan 14:16,17 y 23. Ver también Efesios 3:17 y 2 Corintios 6:16 junto con Efesios 2:22.

Su obra

Vemos al Espíritu en todas las páginas de la Biblia, y casi Siempre en actividad, haciendo las obras de Dios.

Si pensamos un momento, nos damos cuenta que el Padre aparentemente nunca ha sido visto en la tierra (así 1 Timoteo 6:16); el Señor Jesucristo estuvo relativamente poco tiempo. Pero el Espíritu ha estado presente desde la creación misma logrando los propósitos de Dios.

6 Según los siguientes pasajes, ¿cuáles son algunas de las obras de Dios logradas por el Espíritu?
a) 2 Pedro 1:20,21

b) 1 Corintios 2:11-13

c) Mateo 12:28 y Lucas 4:14-19

d) Juan 16:7-11

e) Juan 3:8

f) Romanos 8:11

g) 2 Corintios 3:18

Esperamos que los pasajes que hemos visto hasta ahora lo hayan ayudado a apreciar más a la persona del Espíritu. Así como la mayoría de nosotros tenemos un concepto muy inadecuado de quién es Dios, también tenemos un concepto muy limitado del Espíritu y su obra.

Terminamos con un concepto más, y es la aparente intención del Espíritu de no exaltarse a sí mismo. El Padre ha exigido nuestra obediencia y adoración; el Hijo ha insistido en que tenemos que seguirle y obedecerle. Pero el Espíritu Santo no llama nuestra atención sobre sí mismo.

7 Un pasaje que nos ofrece una razón es Juan 16:13-15. ¿Cuál es la tarea del Espíritu según este pasaje?

Que el Señor, quien es el Espíritu (2 Corintios 3:17), nos ayude a dar al Espíritu su debido lugar en nuestras vidas.

2

El Espíritu en el creyente

Regresamos al planteo del primer estudio: el Espíritu es una *persona*. O está en nosotros, o no lo está. No hay indicaciones en el Nuevo Testamento de que el Espíritu viva "parcialmente" en algunos creyentes y totalmente en otros. Y si vive en nosotros, tenemos a nuestro alcance toda su plenitud. Es muy probable que no le permitamos obrar plenamente, pero esto no quita el hecho que todo crEyente tiene todo el Espíritu.

Vamos a dedicar varios estudios a lo que el Espíritu quiere, o puede hacer, en nosotros y por medio de nosotros. Comencemos con lo que el Señor dijo en el evangelio de Juan acerca de la venida del Espíritu. Busque Juan 14:15-17; 14:25,26; 15:26; 16:7-15 para responder a las siguientes preguntas.

1 El Señor dijo en 16:7 que para nosotros, era mejor que él se fuera, porque así vendría el Espíritu. ¿Por qué es mejor tener el Espíritu con nosotros que Jesucristo?

2 Note que varias veces el Señor repite dos títulos del Espíritu en estos pasajes.
a) ¿Cuáles son los títulos?

b) ¿Cómo nos ayudan a comprender la tarea del Espíritu Santo?

3 ¿Qué tarea tiene el Espíritu en el mundo no creyente?

El Espíritu es Dios, y lleva a cabo los propósitos de Dios en nuestras vidas. Su obra tiene muchas facetas, y al comprenderlas, comenzamos a apreciar el privilegio grande que tenemos de tener a Dios mismo en nosotros.

4 Uno de los aspectos fundamentales de su obra se encuentra en Juan 3:3,5 y Tito 3:5,6. ¿Qué hace en nosotros?

Otros dos aspectos de la obra del Espíritu los encontramos en 2 Corintios 1:22, Efesios 1:13,14 y Efesios 4:30. Busque estos versículos, si es posible, en más de una versión de la Biblia. (Nota: la palabra "arras" que se encuentra en algunas versiones significa sencillamente "una garantía".)

5 A la luz de estos versículos:

    a) ¿Para qué sirve un sello? Busque Mateo 27:66 y Apocalipsis 5:1, que dan ejemplos del uso de la palabra en la Biblia.

    b) ¿Con qué fin Dios nos selló a nosotros?

    c) Dos de los pasajes hablan de una garantía (arras). ¿Garantía de qué cosa?

Pasamos ahora a uno de los pasajes más importantes en cuanto a la obra del Espíritu: Gálatas 5:22 y 23. Conviene leer desde 5:16 hasta 5:25. (Repase también Juan 15:1-5.)

6 Varias versiones hablan del *fruto* del Espíritu. ¿Por qué es más significativa esa palabra que, por ejemplo, la "obra" del Espíritu? ¿Qué implicaciones especiales tiene la palabra "fruto"?

Ahora, las características que vemos en Gálatas 5:22,23 no son nada extraordinarias y muchos otros pasajes de la Biblia hablan de ellas. Deben ser características de *todo* creyente. Sin embargo, no es fácil encontrar a una persona que demuestre plenamente todas.

7 ¿Por qué?

Si el Espíritu, quien es Dios, vive en nosotros, es inevitable que haya cambios en nuestra manera de pensar y conducirnos. La evidencia más segura de que tenemos vida nueva es el fruto del Espíritu; sin esa evidencia, es probable que nos engañemos y no tenemos vida todavía.

Terminamos con un aspecto más de la obra del Espíritu en el creyente. Romanos 8:26,27 dice que el Espíritu le expresa a Dios lo que nosotros no podemos expresarle. A veces sentimos algo profundamente (dolor, gozo, etc.) pero no sabemos decírselo a Dios. Es el Espíritu quien conoce nuestro corazón, lo interpreta, y se lo dice a Dios.

8 Dios está en nosotros. El Espíritu Santo de Dios obra los propósitos de Dios en nuestra vida. Pasemos algunos momentos ahora, alabando a Dios en oración como grupo, por el privilegio de tener su Espíritu dentro nuestro.

3

Vivir en el Espíritu

El Espíritu vive en el creyente, pero la Biblia también dice que nosotros debemos vivir en el Espíritu. El Espíritu hace su obra en nosotros, pero también somos responsables de obrar. El Espíritu es literalmente la fuerza motriz de la vida cristiana, pero depende de nosotros si puede actuar libremente o no.

Vamos ahora a estudiar un pasaje bíblico que habla de nuestra relación con el Espíritu. El pasaje es Romanos 8:1-17. Recomendamos que lo lea varias veces, y en más de una versión de la Biblia, antes de responder a las preguntas.

1 Primero, según este pasaje:

a) ¿Quién *es* el Espíritu?

b) ¿Qué *hace* el Espíritu?

Un tema principal del pasaje es el conflicto que existe entre el Espíritu y "la carne" (ver el pasaje en más de una versión de la Biblia). Habla de las causas del conflicto, y sus posibles resultados.

2 Según estos versículos, ¿por qué existe ese conflicto?

El propósito de Pablo es ayudarnos a vivir en el Espíritu. Con este fin da consejos y advertencias. El Espíritu vive en nosotros, pero nosotros tenemos que aprender a vivir en el Espíritu.

3 Primero, ¿cuáles son las advertencias para el creyente en este pasaje?

4 Segundo, ¿cuáles son las promesas para el creyente en este pasaje?

Usted habrá notado que Pablo aclara quienes son realmente hijos de Dios y quienes no. Una "profesión de fe" no es suficiente si no está acompañada por ciertas evidencias.

5 Según este pasaje, ¿Cuáles son las evidencias de que una persona es realmente un hijo de Dios?

Este pasaje tiene mucho para investigar, pero nuestro propósito es limitado. Deseamos sencillamente indicar cómo la Biblia enfatiza que la presencia del Espíritu en un creyente ha de afectar todas las dimensiones de su vida.

6 A la luz de lo que hemos visto en este pasaje, ¿qué espera Dios de nosotros? ¿Cómo debemos vivir?

4

Cuatro mandatos

Lo fantástico de la vida cristiana es que el Espíritu, como persona, entra para vivir en el creyente. Pero tener al Espíritu no es lo mismo que ser controlado por el Espíritu. Uno puede tener el Espíritu, pero no permitir que el Espíritu gobierne su vida. Hay cuatro mandatos relacionados con el Espíritu que vamos a examinar en este estudio. Y aunque el "ser llenos del Espíritu" es el más conocido y discutido de los cuatro, los otros tres tienen igual importancia.

Vivir según el Espíritu - Gálatas 5:16

Aunque hay variaciones en la traducción de este versículo según la versión de la Biblia, el sentido literal es "andad en el Espíritu". La figura es común en la Biblia, y fácilmente recordamos pasajes que nos exhortan a andar en amor (Efesios 5:2), en la verdad (3 Juan 4), etc.

Ahora, una regla importante de la interpretación bíblica es que necesitamos comprender un versículo según su *contexto*, es decir, a la luz de los otros versículos que lo rodean.

1 Si buscamos el contexto de Gálatas 5:16, ¿qué significa "andar en el Espíritu", o "vivir según el Espíritu", si lo vemos a la luz de:
a) Los versículos anteriores (5:13-15)?

b) Los versículos que siguen (desde 5:17)?

La conclusión es sencilla: debemos vivir una vida diferente porque Dios está en nosotros.

No entristecer al Espíritu - Efesios 4:30

La posibilidad de entristecer al Espíritu nos confirma que es una persona, y una persona que nos ama. Ya que muchas veces la Biblia lo llama el "Espíritu de Cristo", nos hace pensar en pasajes como Lucas 13:34 y 19:41 y 42.

2 En la vida normal ¿cómo entristecemos a una persona que nos ama?

3 ¿Cómo, entonces, hemos de entristecer al Espíritu Santo (no olvide de tomar en cuenta el contexto de Efesios 4:30.)

4   Si sabemos que lo hemos entristecido, ¿qué debemos hacer?

No apagar al Espíritu - 1 Tesalonicenses 5:19

La figura es clara. Es como cuando uno echa un balde de agua al fuego: desaparecen la luz, el calor. Así podemos impedir la actuación del Espíritu en nuestras vidas.

Pero también se puede apagar el fuego por falta de leña. A veces el problema radica en lo que *no* estamos haciendo. Note el contexto de 1 Tesalonicenses 5:19. Menciona cosas que no debemos hacer, y otras que sí debemos hacer. Podemos apagar al Espíritu haciendo cosas indebidas, y a la vez no haciendo lo que debemos.

Aunque no hemos visto el tema todavía, el Espíritu vive también de una manera especial en la congregación entera, en la iglesia (el tema del estudio cinco). Así que el creyente puede apagar el fuegO del Espíritu dentro de sí, pero también una iglesia lo puede hacer.

5   Dé un ejemplo de como una iglesia puede apagar el Espíritu.

Ser lleno del Espíritu - Efesios 5:18

No hay duda de que entre los cristianos hay muchas ideas diferentes acerca del significado de este mandato. Lo único que parece muy claro es que ¡todos debemos ser llenos del Espíritu!

Hay 10 pasajes en los Hechos que nombran este acontecimiento directa o indirectamente: 2:4; 4:8; 4:31; (6:3); 7:55; 9:17; 11:24 y 13:52. Leálos, y tome en cuenta el contexto en cada caso, es decir, la situación en la cual encontramos el hecho.

6 En varios pasajes encontramos personas que, aparentemente, eran normalmente llenas del Espíritu. Es decir, estar llenos para ellos era un estilo de vida.

a) ¿En cuántos pasajes encontramos esta situación?

b) ¿Cómo eran esas personas? ¿Qué aprendemos de ellas en cuanto a una persona llena del Espíritu?

7 Vemos también varias veces que las personas fueron llenas en el acto.

a) ¿Cuántos *pidieron* ser llenos?

b) ¿Qué resultado dió ser llenos en esos casos?

Ahora, Efesios 5:18 no nos dice *cómo* ser llenos del Espíritu. El mandato es sencillamente uno entre varios. Algo que sí indican los comentaristas es lo que se puede traducir así: "Sigan siendo llenos del Espíritu". Es decir, el verbo indica una experiencia continua, o que se repite.

Pero de nuevo damos énfasis en el hecho de que el Espíritu es una *persona*. No es una "sustancia" o una "influencia" que nos llena como se llena una botella. El es la persona soberana de Dios en nuestras vidas. O le hacemos caso, o no. O le obedecemos, o no.

8 Dos posibles afirmaciones:

- Ser lleno del Espíritu es un evento en la vida del creyente.
- Ser lleno del Espíritu es una condicion en la vida del creyente.

a) la luz de lo que hemos visto, ¿cuál de las afirmaciones es más correcta?

b) ¿Por qué una expresión es más correcta que la otra?

5

El Espíritu y la iglesia

Con este estudio veremos algunos aspectos de la obra del Espíritu en la iglesia, la congregación. El Señor dijo que iba a estar presente de una manera especial cuando dos o tres de sus hijos estuviesen juntos (Mateo 18:20). El Espíritu no es solamente del creyente, sino también de la iglesia.

Vemos en los Hechos, especialmente, que el Espíritu Santo es también el "Espíritu de misión". El Señor dejó a su iglesia un mandato claro: extenderse, multiplicarse, hacer conocer el nombre y la obra de Jesús por toda la tierra. En el cumplimiento de ese mandato, el Espíritu siempre ha tomado el lugar predominante.

Tal como el Espíritu nos da vida espiritual, también es la fuerza motriz de la vida cristiana y la iglesia en su tarea.

Veamos dos pasajes que explican una dimensión de esa relación dinámica entre el Espíritu y la iglesia.

1 Según 1 Corintios 3:16,17 y Efesios 2:20-22,

   a) ¿cuál es la relación entre el Espíritu y la iglesia?

   b) Si fuéramos realmente conscientes de esto, ¿cómo debería afectar a la vida de la iglesia?

Otra dimensión tiene que ver con los dones del Espíritu. Ya que es un tema extenso, lo veremos en otro cuaderno. Pero hay un aspecto que deseamos destacar porque está relacionado con el tema de este estudio.

2 Primero, busque 1 Corintios 12:7 y Efesios 4:11,12. Según estos versículos, ¿cuál es el *propósito* de los dones?

3 Dé un resumen, en muy pocas palabras, del argumento de Pablo en:
a) 1 Corintios 12:14-20

b) 1 Corintios 12:21-26

Sí, los dones no son para "mí", sino para "nosotros". El Espíritu desea obrar por medio de nosotros para la edificación de su iglesia.
Otro pasaje muy relacionado con el tema es Efesios 4:1-6. Si es posible, léalo en más de una versión de la Biblia.

4 ¿Qué opina usted?

  a) ¿Es la unidad de los cristianos algo que ya existe, algo que debemos buscar, o algo imposible de alcanzar en la actualidad?

  b) ¿Por qué?

5 ¿Qué tiene que ver:

  a) *Nosotros* con la unidad?

  b) El *Espíritu* con la unidad?

Terminamos con un versículo que ya hemos visto varias veces: 1 Corintios 12:13.

6 Escriba a continuación una paráfrasis de este versículo, una versión "criolla". No repita las palabras de Pablo, sino su idea en el lenguaje nuestro.

6

Posesión y liberación

El estudio anterior nos hizo pensar en el papel del Espíritu en los propósitos de Dios de extender su Reino. Pero es una tarea que emprende con oposición. Las Escrituras además hablan del reino de Satanás, y de los demonios que le sirven.

El reino de Satanás es real. Los gobernantes del mundo no pueden encontrar soluciones a sus problemas porque están influenciados por poderes sobrenaturales. Aunque no nos damos cuenta, muchos de los problemas a nivel de trabajo y hogar son causa del enemigo que se nos opone activamente.

1 Notemos lo que dicen los siguientes pasajes acerca del alcance del poder de Satanás: Juan 14:30; 2 Corintios 11:14; Efesios 2:2 y 6: 1; 1 Juan 5:19.

Los agentes de Satanás son los demonios. Sabemos poco acerca de ellos, aunque vemos que hablan, pueden tener miedo (Santiago 2:19), y son "seres", no "influencias impersonales". A veces son llamados "espíritus malos", otras veces "espíritus inmundos", pero en todo caso son demonios, seres malignos bajo Satanás, que luchan contra Dios y su pueblo.

Según los ejemplos que tenemos en la Biblia, la presencia de un demonio (o demonios) puede manifestarse de varias maneras.

2 Busque los siguientes pasajes, e indique los diferentes efectos que puede producir el demonio en una vida. Marcos 9:17,18; Lucas 8:27,29; 11:14 y 13:11; Hechos 16:16.

Cuando vemos un mundo convulsionado por el odio, la violencia y la crueldad, nos damos cuenta que no solamente sufre las consecuencias del pecado del hombre, sino también la violencia de Satanás y sus huestes. Pero Satanás y los demonios obran por medio de personas. Ya vimos varios pasajes que muestran los efectos en la vida de una persona cuando un demonio tiene influencia sobre ella. Pero también la Biblia distingue claramente entre enfermedad y posesión. Por ejemplo, lo vemos en el caso de dos sordomudos.

3 ¿Qué diferencias hay entre la manera en que Jesús trató al sordomudo de Marcos 7:31-37 y el de Marcos 9:14-29?

Jesús distinguió claramente entre los enfermos y los oprimidos por demonios, y los trató a cada uno de una manera apropiada. De la misma forma, hermanos que tienen experiencia en la liberación insisten en la necesidad de discernimiento: tratar a un enfermo mental como si fuera un oprimido por demonios puede causarle mucho daño. El discernimiento es uno de los dones espirituales que Dios da a los miembros de su iglesia (1 Corintios 12:10).

Los demonios tienen poder para destruir a una persona, y, ¡Unto con su jefe Satanás, destruir a toda una nación. _Pero_, y subrayamos esta palabra con propósito, las Escrituras también insisten en que los demonios se someten a Jesucristo.

4 Note en especial dos pasajes:

    a) Según Hebreos 2:14, Jesucristo vino para:

    b) Según 1 Juan 3:8, vino para:

    c) Pero también Mateo 12:28 implica que vino para:

Jesucristo es más poderoso que Satanás y sus huestes; el Espíritu, quien vive en nosotros, es más fuerte que "el que está en el mundo" (1 Juan 4:4). No podemos limitarnos a pensar que Jesucristo vino sólo para salvarnos, sino también para someter los poderes rebeldes de maldad.

Es por esta razón que su iglesia ha estado siempre involucrada en esa lucha. Las iglesias más establecidas tienden a olvidar el tema, pero las fronteras misioneras de todas las denominaciones son campos abiertos de batallA contra los poderes sobrenaturales.

5 Según los siguientes pasajes, ¿qué posición debemos tomar nosotros frente a los poderes malignos? Efesios 6:10-18; Santiago 4:7; 1 Pedro 5:8,9.

Sí, estamos en guerra y necesitamos estar preparados. Las fuerzas malignas están mostrándose cada vez más fuertes, e iglesias que nunca antes tenían experiencias con demonios ahora forzosamente aprenden a enfrentarlos. Vamos a la práctica.

6 En forma general, ¿cómo se expulsaron a los demonios en el Nuevo Testamento? ¿Qué hicieron? Marcos 5:8 y 9:25; Lucas 4:35; Hechos 16:18.

En un sentido es algo sencillo... ¡pero no fácil! Ninguna persona, por más preparada y santa que sea, es capaz de enfrentarse a la maldad sobrenatural. Es Jesucristo quien ha vencido a Satanás (Colosenses 2:15). Cuando él envió a setenta de sus discípulos a ministrar en los pueblos, regresaron diciendo "¡Señor, hasta los demonios nos obedecen en tu nombre!". Sí, es en el nombre de Jesucristo que enfrentamos a Satanás.

7 ¿Qué lecciones podemos sacar de Marcos 9:28,29 y Hechos 19:13-16?

Y, aparentemente, no hay una experiencia común a todas las iglesias. A veces el demonio obedece sin luchar, mientras otras veces los siervos de Dios tienen que luchar duramente para lograr la liberación. Citamos dos casos verídicos, como muestra de dos experiencias muy diferentes, y de iglesias muy diferentes.

Mencionaremos, primero, lo que una revista misionera cuenta de una experiencia durante un campamento de jóvenes en México.

Durante un tiempo abierto de comunión, Manuel de repente saltó de su silla gritando, y corrió hacia el lago... Otros corrieron tras él, y solamente por su número podían dominarlo. Con eso comenzaron cuatro horas de lucha, no contra sangre y hueso, sino contra los poderes de laS tinieblas. Manuel, que viene de una familia comprometida con lo oculto, estaba poseído por un demonio. En el principio, algunos de nosotros no podíamos ni queríamos creerlo. Pero mientras orábamos con la imposición de manos, leíamos las Escrituras y cantábamos, el demonio, utilizando un tono de voz diferente al de Manuel, gritaba "No, no, es mío, es mío". La misma voz dijo blasfemias, y citaba mal las Escrituras. (Su consejero me dijo que durante los tiempos devocionales, Manuel no sabía nada de la Biblia. Nunca había escuchado del Salmo 23, y era incapaz aún de repetir el primer versículo.) Cuando leíamos las Escrituras, el demonio gritaba "Dejen de atormentarme." Cuando uno de los hermanos preguntó su nombre, se rehusó a responder, pero después de insistir mucho, dijo que su nombre era Tarot. Teníamos a Manuel atado en una cucheta, y un hilo de lana roja cayó encima de su brazo de la caMa de arriba. José le dijo "Ese es el color de la sangre de Cristo" e inmediatamente Manuel comenzó a morder su brazo en ese lugar hasta que logramos impedírselo.

Durante todo ese tiempo los campamentistas oraban de rodillas en la capilla. A las nueve de la mañana, con el ministerio de los hermanos y con la Palabra de Dios y la oración, Manuel podía invocar el nombre del Señor Jesús (Romanos 10:13) con su propia voz. Después de una lucha horrible para él, fue liberado del poder de las tinieblas. Creemos que fue liberado definitivamente (salvado) pero también sabemos que el demonio no lo va a dejar en paz, y Manuel se verá sujeto a ataques demoníacos...

El segundo ejemplo viene de un artículo escrito por un médico inglés que comenta varias de las 280 experiencias de liberación que ha tenido.

En el caso de otra mujer, que estuvo encerrada en una celda alfombrada del manicomio a causa de sus tremendos ataques de violencia, aparentemente estaba viviendo la violencia de sus antepasados del siglo XVI. Era imposible comunicarse con ella, y decidimos, junto con su familia y la iglesia, tener una reunión de comunión (Cena del Señor) y exponer al Señor este problema que se había repetido en su familia. En ese mismo momento la mujer se curó, y quedó perfectamente normal. Y para nuestro asombro, llegó un mensaje diciendo que una tía de ella (acerca de la cual no sabíamos nada) que también estaba encerrada en un manicomio, había sido curada en el mismo momento.

Los dos casos son muy diferentes. En el primero, el demonio salió solamente después de una larga lucha; en el segundo, dos personas fueron liberadas desde una distancia, sin ningún esfuerzo especial. El contraste sirve para ilustrar una regla necesaria: El Señor puede obrar de muchas maneras diferentes. No podemos insistir que siempre actúe como nosotros queremos. Un aspecto menos claro del tema es la relación de los demonios con los creyentes.

8 Note los siguientes pasajes, que son dirigidos a creyentes. 1 Corintios 7:5; 2 Corintios 11:12-15; Efesios 6:11-16; 1 Timoteo 3:7; 2 Timoteo 2:25,26; 1 Pedro 5:8,9.

a) ¿Cuál es el peligro que enfrenta el creyente?

b) ¿Cómo debe actuar frente a ese peligro?

Sí, según estos pasajes Satanás (o sus demonios) puede atacar también al creyente. Aunque no es muy claro cómo lo hace. ¿Influye directamente en la mente del creyente, o ataca al creyente por medio de otras personas?

9 Busque de nuevo los pasajes de la pregunta anterior para ver cuál de estas dos posibilidades es la más probable.

Los hermanos que tienen experiencia con casos demoníacos indican que el creyente es especialmente vulnerable si antes de su conversión tuvo relaciones con lo oculto (espiritismo, magia, etc.), o si hay áreas de su vida "cerradas" al Espíritu de Dios (como por ejemplo, odio a una persona). Tales cosas sirven de "brechas" en nuestra armadura, donde los demonios pueden hacernos daño.

10 Esto nos lleva a una pregunta final.

a) ¿Cuál es el peligro señalado en Mateo 12:43-45?

b) ¿Cuál es la solución?

7

El bautismo en el Espíritu (1)

En este estudio tocaremos un tema polémico. Lamentablemente, la interpretación del significado del bautismo en el Espíritu, y su lugar en la vida cristiana, representan dos de los aspectos de la enseñanza cristiana que ha resultado en mucho desacuerdo.

1 Antes de comenzar a pensar sobre el tema, escriba aquí un resumen de su entendimiento personal sobre el bautismo del Espíritu.

En la práctica, existen por lo menos cuatro posiciones diferentes sobre el tema. En resumen, son los siguientes:

a/ El bautismo es un acontecimiento histórico que ocurrió una sola vez en el día de Pentecostés. Podemos ser llenos del Espíritu, pero nadie ahora puede recibir el bautismo del Espíritu.

b/ El bautismo es el acto inicial de la vida cristiana. Puede ser acompañado por evidencias visibles o no, pero si no recibimos el bautismo en el Espíritu, no somos hijos de Dios.

c/ El bautismo es posterior a la recepción del Espíritu. Pueden pasar momentos, o años entre los dos eventos. Es indispensable para tener una vida victoriosa, y puede o no ser acompañado por el hablar en lenguas.

d/ El bautismo es posterior a la recepción del Espíritu, y su evidencia es el hablar En lenguas. Todos tenemos que buscar el bautismo y el hablar en lenguas, sin los cuales no podemos recibir los dones de Dios, ni vivir una vida espiritual.

Ahora, hay diferencias muy importantes entre estas posiciones; sin embargo, hay creyentes sinceros y fieles representados en cada una. Por esta razón nuestra intención en este estudio no es persuadirlo a cambiar su opinión, sino ayudarle a comprender porque hay hermanos que tienen una posición diferente a la suya, y a respetar esa posición.

2 ¿Cuál de estas posiciones es más parecida a la de *su* iglesia? Explique.

Primeramente, vamos a dar un vistazo a los pasajes donde se encuentra la frase "bautizar en el Espíritu",que encontramos en el Nuevo Testamento.

- El primero en mencionarlo fue Juan el Bautista. Todos conocemos su proMesa: él bautizaba en agua, pero venía otro quien iba a bautizar en el Espíritu (Mateo 3:11; Marcos 1:8; Lucas 3:16; Juan 1:33).
- Luego el Señor confirmó esa promesa en Hechos 1:4,5. Lucas 24:49 se refiere al mismo hecho, aunque no nombra específicamente al bautismo en el Espíritu.
- Es evidente en los pasajes mencionados (y el que sigue) que la promesa se cumplió por primera vez en el día de Pentecostés. Note que el pasaje dice que fueron "llenos" (Hechos 2:4) y Pedro lo describe diciendo que el Espíritu fue "derramado" (Hechos 2:18).
- Luego en Hechos 11:15-17 Pedro dijo que la experiencia de Cornelio y su familia (Hechos 10:44-47) era idéntica a la experiencia

de los 120 en el día de Pentecostés.
• La última referencia se encuentra en 1 Corintios 12:13, un pasaje que tendremos que ver luego.

Hay dos cosas que deseamos destacar de estas referencias. Primero, los pasajes hablan de un *bautismo*. La palabra significa sumergir, derramar, lavar. Ser bautizado en agua significa ser sumergido en ella. Ser bautizado en el Espíritu ha de tener un significado parecido, es decir, ser "sumergido", "mojado" por el Espíritu.

Segundo, es importante notar la sequencia de eventos: la predicación de Juan, la promesa de Jesús, su cumplimiento en Hechos 1, su cumplimiento en Hechos 11.

Realmente, cuando examinamos los pasajes que hablan de un bautismo, muchas veces es difícil —si no imposible— distinguir si habla del bautismo en agua, en el Espíritu, o de ambos. Por ejemplo, Romanos 6 habla de un bautismo, pero con consecuencias mucho más allá de un lavamiento con agua. Habla de una profunda transformación lograda por el Espíritu de Dios. Lo mismo con Gálatas 3:27. Y uno puede preguntarse: ¿Estos pasajes hablan del bautismo en agua, en el Espíritu, o de ambos?

Lo que sí vemos es que hay una relación estrecha entre el bautismo en agua y en el Espíritu. Se utiliza el mismo lenguaje para hablar de los dos, y cuando el Nuevo Testamento menciona sus efectos en la vida del creyente, no es fácil distinguir de cuál habla.

Pero hay otros aspectos de estos pasajes que hablan del bautismo en el Espíritu que deseamos destacar. Note que Hechos 1:4,5 y Lucas 24:49 dicen que el bautismo es el cumplimiento de la promesa del Padre. Es una promesa hecha primeramente por los profetas, repetida por Juan el Bautista, y elaborada por nuestro Señor Jesucristo.

3 Busque Ezequiel 36:25-27. ¿Cuál iba a ser la tarea del Espíritu en el pueblo de Dios según este pasaje?

4 Veamos también un pasaje donde el Señor prometió la venida del Espíritu: Juan 7:37-39. Según este pasaje:
a) ¿*Cuándo* iba a venir a ellos el Espíritu?

b) ¿*Cómo* sería el Espíritu en ellos?

Usted habrá notado que siempre hemos hablado de ser bautizado "en" el Espíritu. Si uno compara los diferentes pasajes, y las diferentes versiones, se dará cuenta que a veces se habla también de ser bautizados "con" el Espíritu. También es aceptable, ya que Pedro dijo que el Espíritu fue "derramado" sobre los 120 en el día de Pentecostés (Hechos 2:33).

En el bautismo, siempre hay cuatro elementos. El que bautiza, el bautizado, el medio y el propósito. Vemos, por ejemplo, el caso de Juan el Bautista (Marcos 1:4,5):

- El que bautiza: Juan.
- El bautizado: los judíos.
- El medio: el río Jordán.
- El propósito: arrepentimiento y perdón de pecados.

Cuando hablamos del bautismo en el Espíritu, el que bautiza es Jesús (según Juan el Bautista). Los bautizados somos nosotros. El medio es el Espíritu Santo. Lo que no hemos notado todavía es el propósito.

5 ¿Qué sugieren los siguientes pasajes en cuanto al propósito de Dios al bautizarnos con su Espíritu?

a) Hechos 1:8

b) 1 Corintios 12:13

Es muy importante notar el contexto de 1 Corintios 12:13, es decir, los versículos que lo rodean. Aunque es cierto que hay diferencias de interpretación acerca del significado del bautismo en el Espíritu, *este* pasaje sugiere que no es un factor que nos divide (algunos lo tienen, otros no), sino un factor que nos une (una experiencia común a todos los hijos de Dios).

En el siguiente estudio vamos a pensar en algunos principios de interpetación, e investigar más a fondo las cuatro posiciones mencionadas al comienzo de este estudio.

6 Para terminar esta lección, y tomando en cuenta lo que hemos visto hasta ahora, ¿qué es el bautismo en el Espíritu?

Notas

1 - En la práctica actual, hay una variedad de tradiciones en cuanto a cuándo una persona se debe bautizar. Algunas iglesias bautizan a infantes (no solamente la Iglesia Católica), otras inmediatamente después de haber creído, otros después de un tiempo (a veces largo), cuando la persona demuestra en su vida que realmente es creyente.

8

El bautismo en el Espíritu (2)

En el estudio anterior, intentamos limitarnos a examinar varios de los pasajes relacionados con el bautismo en el Espíritu, sin tocar las diferentes interpretaciones que existen. Ahora deseamos pensar en otras facetas del tema que nos ayudan a aclarar nuestra propia posición acerca de él. Es conveniente repasar las cuatro posiciones que vimos al comienzo de la lección anterior antes de seguir con este estudio.

Comenzamos con un principio fundamental de la interpretación bíblica: Es peligroso ir más allá de lo que las Escrituras dicen.

Las sectas se especializan en tomar cosas de la Biblia sin examinarlas a la luz de *todas* las Escrituras. Igualmente todos tenemos la tendencia de seleccionar los pasajes que refuerzan nuestra posición denominacional y pasar por alto a muchos otros que no son tan favorables. O, a veces, utilizamos un pasaje para confirmar nuestra posición cuando en realidad, no dice nada al respecto.

A continuación hay un planteo en cuanto al bautismo en el Espíritu. Piense mientras lee: ¿Es la conclusión algo que realmente dicen las Escrituras, o es una posición que el autor intenta defender con citas bíblicas?

Por vía de ilustración leamos 1 Corintios 10:1,2: `Nuestros padres todos en Moisés fueron bautizados en la nube y en el mar...' Leemos acerca de algunos de los padres en Hechos 28:25. Estos vivieron siglos después de la travesía del mar Rojo, sin embargo se dice: `Nuestros padres todos estuvieron bajo la nube...'

En otro ejemplo Jehová dice a su pueblo desobediente en Amós 2:10: `Y a vosotros os hice subir de la tierra de Egipto, y os conduje por el desierto cuarenta años.' Bien sabemos que aquellos a quienes se dirigen estas palabras nunca estuvieron ni en Egipto ni en el desierto. Vivieron siglos después del éxodo. Sin embargo, se dice que participaron de esta maravillosa liberación.

De la misma manera los creyentes en Corinto no estuvieron presentes en la histórica ocasión del bautismo con el Espíritu, pero así como los padres del tiempo de Isaías y los israelitas a quienes Amós dirigía la palabra se consideraban participantes de la gran emancipación de Egipto, ya que por su nacimiento como israelitas llegaron a formar parte del pueblo así bendecido por Dios, así los creyentes en Corinto se consideraban como bautizados por el Espíritu, ya que en ellos moraba el Espíritu desde que creyeron el evangelio y llegaron a formar parte de aquel organismo maravilloso, el cuerpo de Cristo.

Personal y literalmente, ni los creyentes de Corinto, ni los que han vivido después, fueron bautizados con el Espíritu. Como tampoco aquellos mencionados en Amós 2:10 fueron personal y literalmente sacados de Egipto.

1 Este argumento, ¿lo convence a usted o no? ¿Por qué?

Si somos honestos con las Escrituras, a menudo vamos a encontrar pasajes que no parecen estar de acuerdo con nuestra posición denominacional, y otras veces vamos a encontrar que nuestra posición no tiene tanto apoyo bíblico como hubiéramos esperado. En ambos casos, es mejor no ir más allá de lo que las Escrituras realmente dicen.

Para dar otro ejemplo, muchos afirman tanto en su enseñanza como en su práctica, que el bautismo (en agua, o en el Espíritu) es una segunda etapa de la vida cristiana. Afirman: Primero la conversión, luego cuando el candidato esté preparado, el bautismo en agua; igualmente, en algún momento posterior, el bautismo en el Espíritu.

Pero aquí hay dos problemas. Primero, cuando examinamos las Epístolas, que son las cartas de instrucciones a las iglesias, no encontramos evidencias de que había dos clases de creyentes: los bautizados, y los no bautizados. Y segundo, nunca encontramos una exhortación diciendo que debemos ser bautizados (en agua, o en el Espíritu). En las instrucciones para los creyentes, aparentemente se toma por sentado que ya han sido bautizados en agua y en Espíritu.

Por supuesto, sí exhortaron acerca del bautismo en la predicación en el libro de los Hechos, pero si es cierto que el bautismo (cualquiera de los dos) viene un tiempo después de la conversión, entonces debería haber *muchos* pasajes en las Epístolas que nos instruyen y nos exhortan acerca de un tema tan importante.

2 Acerca de esto:

a) ¿Está de acuerdo de que las Epístolas toman por hecho que todos los creyentes ya habían sido bautizados? Si no está de acuerdo, indique su evidencia en contra.

b) Si este planteo es cierto (que no había "no bautizados" en las iglesias), ¿qué nos sugiere en cuanto al lugar del bautismo en la vida del creyente?

Veamos un segundo principio de la interpretación bíblica: Tenemos que interpretar nuestra experiencia a la luz de las Escrituras, no las Escrituras a la luz de nuestra experiencia. Por ejemplo, las personas que hablaron en lenguas al convertirse interpretan al libro de los Hechos de una manera, y los que no hablan en lenguas de otra.

3 Hagamos un ejercicio sobre los Hechos. A continuación hay una lista de *algunos* de los pasajes que hablan de personas convertidas en los Hechos. Examine bien cada pasaje y responda a las siguientes preguntas. Hechos 8:14-17; 8:35-39 y 9:17-19; 10:44-48; 16:30-34; 19:1-7.

a) ¿En cuántos De los seis pasajes se dice que las personas hablaron en lenguas cuando se convirtieron?

b) ¿En cuántos se dice que las personas recibieron el Espíritu Santo, y en qué momento?

c) ¿En cuántos se dice que las personas hablaron en lenguas cuando recibieron el Espíritu Santo?

4 A la luz de la evidencia que vimos:

a) ¿Cuál de las siguientes afirmaciones es la más correcta? En la experiencia de los primeros cristianos:

- Todos hablaron en lenguas al convertirse.
- Hablaron en lenguas solamente cuando se les impusieron las manos.
- Aparentemente, algunos hablaron en lenguas, otros no.
- El hablar en lenguas era una evidencia de la recepción del Espíritu Santo.

b) ¿Por qué esa expresión que seleccionó es más correcta que las otras a la luz de las experiencias en los Hechos?

Otra tendencia que fácilmente resulta en error es la de confundir los significados de las palabras. La Biblia habla del bautismo en el Espíritu, de ser lleno del Espíritu, y del sello del Espíritu. Todas estas son operaciones del Espíritu Santo, pero no equivalentes. Así como la redención y la santificación son dos operaciones no equivalentes de Dios en nuestras vidas.

Cuando Pablo nos exhorta a ser llenos del Espíritu (Efesios 5:18), no está diciendo que debemos buscar el bautismo en el Espíritu. Las dos cosas *pueden* ocurrir en el mismo momento (como en Hechos 2:4), pero no por eso son iguales. Al contrario, 1 Corintios 12:13 da la impresión de que todos (por lo menos de esa iglesia) habían sido bautizados, mientras Efesios 5:18 sugiere que muchos (por lo menos de esa iglesia) no eran llenos.

5 ¿Le parece necesario hacer la distinción entre estas dos operaciones del Espíritu o no? Explique sus razones.

Veamos un "problema" más. Ciertos grupos afirman que hay dos categorías de cristianos: los que han recibido la salvación, pero no el Espíritu; y los que han sido bautizados en el Espíritu y así logran una verdadera vida espiritual.

Si fuera así, entonces debe haber evidencias en el Nuevo Testamento que el bautismo en el Espíritu es lo que conduce a la vida santa, controlada por el Espíritu.

6 Examinemos el único caso que tenemos en las Epístolas donde habla del bautismo en el Espíritu: 1 Corintios 12:13.

a) ¿Cuántos de los miembros de esa iglesia habían sido bautizados en el Espíritu?

b) ¿Cómo era el estado espiritual de la iglesia, según los siguientes versículos? 1 Corintios 1:10; 3:1-4; 5:1,2; 6:6; 11:21,22.

c) ¿A qué conclusión nos lleva esto?

Sin ninguna duda es difícil limitarnos a lo que las Escrituras realmente dicen. La tendencia fácil es la de juzgar a las Escrituras y a nuestros hermanos a la luz de nuestras propiasexperiencias. Muchas personas han tenido una experiencia poderosa del Espíritu. Para algunas era el momento de su conversión; para otras, era un momento de cambio brusco en su relación con Dios y su vida cristiana. La experiencia puede ser real en ambos casos, pero se debe entenderla bíblicamente.

Necesitamos la sabiduría de Dios para tomar una posición realmente equilibrada frente a los extremos que se presentan. Terminamos con una última pregunta.

7 ¿Por qué, según lo que hemos visto en este estudio,
a) la posición (b) del principio del estudio anterior se acerca
más a la realidad?

b) Qué problemas existen en las otras 3 posiciones?

Destacamos algo que dijimos en el estudio anterior: Un propósito
del bautismo en el Espíritu es crear un solo pueblo, unir a todos los
hijos de Dios en espíritu.

...procuren mantenerse siempre unidos, con la ayuda del Espíritu Santo y
por medio de la paz que ya los une. Hay un solo cuerpo y un solo Espíritu,
así como Dios los ha llamado a una sola esperanza. Hay un Señor, una fe,
un bautismo; hay un Dios y Padre de todos, que está sobre todos, actúa por
medio de todos y está en todos.
Efesios 4:3-6

Cómo utilizar este cuaderno

Estos cuadernos son *guías de estudio*, es decir, su propósito es guiarle a usted para que haga su propio estudio del tema o libro de la Biblia que desarrolla este material.

El cuaderno propone un diálogo. En él introducimos el tema, sugerimos cómo proceder con la investigación, comentamos, pero también preguntamos. Los espacios después de las preguntas son para que usted anote su respuesta a ellas.

Esperamos que, por medio del diálogo, le ayudemos a forjar su propia comprensión del tema. No de segunda mano, como cuando se escucha un sermón, sino como fruto de su propia lectura y investigación.

¿Cómo hacer el estudio?

1 - Antes de comenzar, ore. Pida ayuda a Dios que le hable y le dé comprensión durante su estudio.

2 - Se deben leer los pasajes bíblicos más de una vez y preguntarse: ¿Qué dice el autor? Aunque muchos utilizan la versión Reina-Valera de la Biblia, conviene tener otra versión o versiones disponibles para comparar los pasajes entre las dos. La "Versión popular" y la "Nueva versión internacional" le pueden ayudar a ver el pasaje con más claridad.

3 - Siga con la lectura de la lección. Responda lo mejor que pueda a las preguntas.

4 - Evite la tendencia de "apurarse para terminar". Es mejor avanzar lentamente, pensando, preguntando, aclarando.

En grupo

El estudio personal es de mucho valor pero se multiplican los beneficios si lo acompaña con el estudio en grupo. Un grupo de hasta 8 personas es lo ideal. Pero, puede ser que por diferentes motivos el grupo esté formado por usted y una persona más, aun así, es mejor que estudiar solo.

En realidad, estos cuadernos han sido diseñados con ese motivo: estimular el estudio en células, en grupos pequeños.

La manera de hacerlo es fácil:

1 - Usted hace en forma personal una de las lecciones del cuaderno. Aun cuando pueda haber cosas Que no entienda bien, haga el mayor esfuerzo posible para completar la lección.

2 - Luego se reune con su grupo. En el grupo comparten entre todos las respuestas de cada pregunta. Puede ser que no tengan las mismas respuestas, pero comparando entre todos las van aclarando y corrigiendo. Es durante este compartir semanal de una hora y media, este diálogo entre todos, donde se encuentra la verdadera riqueza y que nos provée esta forma de estudio.

3 - Evite salirse del tema. El tiempo es oro, y lo más importante es enfocar todo el esfuerzo del grupo en el tema de la lección. Luego, pueden dedicar tiempo para conocerse más y tener un rato social.

4 - Participe. Todos deben participar. La riqueza del trabajo en grupo es justamente eso.

5 - Escuche. Hay una tendencia de apurar nuestras propias opiniones sin permitir que el otro termine. Vamos a aprender de cada uno, aun de los que, según nuestra opinión, están equivocados.

6 - No domine la discusión. Puede ser que usted tenga todas las respuestas correctas, sin embargo es importante dar lugar a todos, y estimular a los tímidos a participar. No se trata de sobresalir, sino de compartir aprendiendo juntos.

Si en el grupo no hay una persona con experiencia en coordinarlo, se puede encontrar ayuda para dirigir un grupo en:

1 - Nuestra página web, www.edicionescc.com. La sección "Capacitación" ofrece una explicación breve del método de estudio.

2 - En las últimas páginas de nuestro catálogo se ofrece también una orientaciÓn.

3 - El cuaderno titulado "Células y otros grupos pequeños" es un curso de capacitación para los que desean aprender cómo coordinar un grupo.

4 - Hay algunas guías que disponen de un cuaderno de sugerencias para el coordinador del grupo.

Finalmente diremos que las guias no contienen respuestas a las preguntas ya que el cuaderno es exactamente eso, una guia, una ayuda para estimular su propio pensamiento, no un comentario ni un sermón. Le marcamos el camino, pero usted lo tiene que seguir.

Que el Señor lo acompañe en esta tarea y si necesita ayuda, comuníquese con nosotros. Estamos para servirle.

Se terminó de imprimir en
Talleres Gráficos de
Ediciones CC
Córdoba 419 - Villa Nueva, Pcia de Córdoba
Abril de 2008
IMPRESO EN ARGENTINA